JACQUES DUPIN: SELECTED POEMS

pour Jill Mutchim
avec ma sympathie

Jacques Dupin

29 octobre 92

French-English Bilingual Editions from Bloodaxe

Jacques Dupin: *Selected Poems.*
Translated by Paul Auster, Stephen Romer & David Shapiro.
Selected by Paul Auster. Introduction by Mary Ann Caws.

Alistair Elliot (ed. & trs.): *French Love Poems.*

Pierre Reverdy: *Selected Poems.*
Translated by John Ashbery, Mary Ann Caws & Patricia Terry.
Edited by Timothy Bent & Germaine Brée.

Jean Tardieu: *The River Underground: Selected Poems & Prose.*
Translated by David Kelley. Illustrated by Picasso.

BLOODAXE CONTEMPORARY FRENCH POETS
Series editors: Timothy Mathews & Michael Worton

1. **Yves Bonnefoy:** *Du mouvement et de l'immobilité de Douve /
On the Motion and Immobility of Douve.*
Translated by Galway Kinnell. Introduction by Timothy Mathews.

2. **René Char:** *Les Matinaux / The Dawn Breakers.*
Edited & translated by Michael Worton.

3. **Henri Michaux:** *Déplacements Dégagements / Spaced, Displaced.*
Translated by David & Helen Constantine. Introduction by Peter Broome.

JACQUES

DUPIN

SELECTED

POEMS

Selected by Paul Auster

TRANSLATED BY

Paul Auster

Stephen Romer

David Shapiro

BLOODAXE BOOKS

Poems copyright © Éditions Gallimard & P.O.L.
Translations copyright © Paul Auster, Stephen Romer,
David Shapiro & Wake Forest University Press 1992.

ISBN: 1 85224 234 5

First published 1992 by
Bloodaxe Books Ltd,
P.O. Box 1SN,
Newcastle upon Tyne NE99 1SN.

Published simultaneously in North America
by Wake Forest University Press.

Bloodaxe Books Ltd acknowledges
the financial assistance of Northern Arts.

ACKNOWLEDGEMENTS
Lichens and *Saccades:* originally published in *Gravir* (Gallimard, 1963).
Proximité du murmure: originally published in *L'embrasure* (Gallimard, 1969).
Un récit: originally published in *Dehors* (Gallimard, 1973).
Histoire de la lumière and *Bleu et sans nom:* originally published
in *Contumace* (P.O.L., 1986).
Une apparence de soupirail: Gallimard, 1982.

Lichens, Fits and Starts, The Encroaching Murmur – translated by Paul Auster
– were first published in *Fits and Starts: Selected Poems of Jacques Dupin*
(Living Hand, 1974). Reprinted with permission of Paul Auster.
A Narrative – translated by Stephen Romer – was first published
in *The Growing Dark* by Jacques Dupin (TwoFold, 1981).

The editors wish to thank Chris Tysh for advice and editorial assistance
and Anna Kraush for thoughtful editing of this book.

Design by Molly Renda.

Printed in the USA by Thomson-Shore.

CONTENTS

JUST ENOUGH: JACQUES DUPIN'S GESTURE

Among the poets of contemporary France, there is none more moving than Jacques Dupin. Celebrated as an art critic, and the most knowledgeable specialist of the painter Joan Miro, Dupin brings to his writing that kind of modesty which special knowledge encourages.

His is not, has never been, a poetry of large gesture – rather, from the early *Cendrier du voyage* to now, it has been a poetry of the poem's own act, a metapoetics turned towards, and finely tuned towards, the writing of reading. Its insetting – its *embrasure*, as in the title of an early book of poems – has had to do with his attitude towards the poem, and towards the life it has sufficed for. Its relentless honesty speaks for itself, and for us all, in the tone we can grasp. Sad and wise, this relation of relations: "Neither passion nor possession." Jacques Dupin speaks to us now, as if at once close and far off, in our ear – to tell us what we knew. And not just about him; no, about us all.

We read here an erotics, but an erotics as understated as it is violent – a tone special to the poet, subtle, as if you were writing philosophy through the body, a bit uncertainly: "as if / our lips had known each other / once" (*The Encroaching Murmur*). Nothing is said or felt in excess of itself. Nothing is permitted a reach higher than the human. The very precariousness of living informs this deeply moving poetics, quiet and always at risk. What poetry protects us from is both silence and too much sight:

protected from the silence she slid she too
into this loss of self that reaches its height

and is reversed in a clump of charred
roses

blinding enumeration of her stopping places
her dangers
        reciprocity of lace
between her face and the light

                (*The Encroaching Murmur*)

Reciprocity: something about Dupin's poetry demands just that, and permits nothing else. His poetics works itself out in the embrasure of a window, with light hollowing out barely enough space in the dark for what we care about to be saved, just that. It is a poetics for our time, never overblown, never oversure, never overstated.

What have we had to give up, to arrive here? Was it the words we cared about? No, we don't find here that "sour taste / of an abandoned language" (*The Story of Light*) but rather the quite exact taste of the few words we find adequate now.

Perhaps it was our selfness, our individual name we used so to cling to. In this poetry, in this life, the writing body which remains the subject, remains irretrievably nameless, as it is cast

Beyond the wrenching dark, blue

of a granite mass in suspension
in the breath
        the abyss is cleared of an unlimited blossoming . . .

That was for other times, the limitless flowering, specifically named and reaching beyond us – now, what our modest gesture reaches after may be seen as less than epic. It is just this:

to give solace to this shattered blue that grows lighter
this blue of melting, gaping, musical substance
like a wall of earth and flowers

collapsing against our knees

and rising again bathed, blue, and without a name

(*Blue and Nameless*)

And it feels like enough.

This is the result of writing "as if I had never been born. Every word until this moment: pulverized, laid bare, breathed back into nothingness. To write *without any words*, as if I were being born" (*Songs of Rescue*). It was worth leaving all the rest behind to start over, nameless, wordless. This is not high drama: it is not spoken with a megaphone anymore. Speech is like breathing, simple, light. You could hold your breath, here on the edge, or you could let go. You are master of the dark, says the poet. And of yourself, if you are light enough.

Jacques Dupin's is, above all, a poetry and poetics of understatement. This is a poetry of qualification, not of absolutes. So we can hear it.

It is not triumphant, it answers us by and about a certain consolation: the poems of rescue here rendered with a sonorous quiet, save us from wordiness as from ourselves, albeit in a small manner. Yes, a certain rescue, by words and deeds, of words and things and acts, provided we see them as small. As modest. As always at risk, even as in the beginning of *Fits and Starts*, about offering, suffering, and being: "Even so, bring home your burnt harvest." Whatever home poetry can provide, and whatever rescue, however modest in scope, this is all we can ask, when the day is done.

MARY ANN CAWS

[xi]

JACQUES DUPIN: SELECTED POEMS

LICHENS

LICHENS

(1958)

translated by Paul Auster

1

Même si la montagne se consume, même si les suivants s'entre-tuent . . . Dors, berger. N'importe où. Je te trouverai. Mon sommeil est l'égal du tien. Sur le versant clair paissent nos troupeaux. Sur le versant abrupt paissent nos troupeaux.

2

Dehors, les charniers occupent le lit des fleuves perdus sous la terre. La roche qui se délite est la sœur du ciel qui se fend. L'événement devance les présages, et l'oiseau attaque l'oiseau. Dedans, sous terre, mes mains broient des couleurs à peine commencées.

3

Ce que je vois et que je tais m'épouvante. Ce dont je parle, et que j'ignore, me délivre. Ne me délivre pas. Toutes mes nuits suffiront-elles à décomposer cet éclair? O visage aperçu, inexorable et martelé par l'air aveugle et blanc!

1

Even if the mountain is consumed, even if the survivors kill each other . . . Sleep, shepherd. It doesn't matter where. I will find you. My sleep is the equal of yours. On the bright slope our flocks are grazing. On the abrupt slope our flocks are grazing.

2

Outside, charnel-houses fill the beds of rivers lost beneath the earth. The rock, stripped of its foliage, is sister of the cleaving sky. Event precedes prediction, bird attacks bird. Inside, under the earth, my hands are grinding colors that have hardly begun.

3

That which I see, and do not speak of, frightens me. What I speak of, and do not know, delivers me. Does not deliver me. Will all my nights be enough to decompose this bursting light? O inexorable seen face, hammered by the blind white air!

4

Les gerbes refusent mes liens. Dans cette infinie dissonance unanime, chaque épi, chaque goutte de sang parle sa langue et va son chemin. La torche, qui éclaire et ferme le gouffre, est elle-même un gouffre.

5

Ivre, ayant renversé ta charrue, tu as pris le soc pour un astre, et la terre t'a donné raison.

L'herbe est si haute à présent que je ne sais plus si je marche, que je ne sais plus si je suis vivant.

La lampe éteinte est-elle plus légère?

6

Les champs de pierre s'étendent à perte de vue, comme ce bonheur insupportable qui nous lie, et qui ne nous ressemble pas. Je t'appartiens. Tu me comprends. La chaleur nous aveugle . . .

La nuit qui nous attend et qui nous comble, il faut encore décevoir son attente pour qu'elle soit la nuit.

4

The sheaves refuse my bonds. In this infinite, unanimous disso-
nance, each ear of corn, each drop of blood, speaks its language
and goes its way. The torch, which lights the abyss, which seals it
up, is itself an abyss.

5

Drunk, having overturned your plow, you took the plowshare
for a star, and the earth agreed with you.

The grass is so high now I no longer know if I am walking, I
no longer know if I am alive.

Does the darkened lamp weigh any less?

6

The stone fields stretch on out of sight, like this unbearable
happiness that binds us, that does not resemble us. I belong to
you. You understand me. The warmth blinds us . . .

The night awaits us, fills us, again we must disappoint its wait-
ing, in order that it become the night.

7

Quand marcher devient impossible, c'est le pied qui éclate, non le chemin. On vous a trompés. La lumière est simple. Et les collines proches. Si par mégarde cette nuit je heurte votre porte, n'ouvrez pas. N'ouvrez pas encore. Votre absence de visage est ma seule obscurité.

8

Te gravir et, t'ayant gravie – quand la lumière ne prend plus appui sur les mots, et croule et dévale, – te gravir encore. Autre cime, autre gisement.

Depuis que ma peur est adulte, la montagne a besoin de moi. De mes abîmes, de mes liens, de mon pas.

9

Vigiles sur le promontoire. Ne pas descendre. Ne plus se taire. Ni possession, ni passion. Allées et venues à la vue de tous, dans l'espace étroit, et qui suffit. Vigiles sur le promontoire où je n'ai pas accès. Mais d'où, depuis toujours, mes regards plongent. Et tirent. Bonheur. Indestructible bonheur.

7

When walking becomes impossible, it is the foot that shatters, not the path. You were deceived. The light is simple. And the hills near. If, by mistake, I knock at your door tonight, do not open it. Do not open it yet. The absence of your face is my only darkness.

8

To climb you, and having climbed you – when the light is no longer supported by words, when it totters and crashes down – climb you again. Another crest, another lode.

Ever since my fears came of age, the mountain has needed me. Has needed my chasms, my bonds, my step.

9

Vigils on the promontory. Not to go down. To be silent no longer. Neither passion nor possession. Comings and goings in full view, within the narrow space, which is sufficient. Vigils on the promontory to which I have no access. But from which I have looked down, always. And drawn. Happiness. Indestructible happiness.

SACCADES

FITS AND STARTS

(1960)

translated by Paul Auster

Rentre tout de même ta récolte incendiée.
Et va-t'en, les mains ouvertes, le sang dur.

Il reste une enclave inconnue dans ce corps séparé,
Une route dans ma route,

Et la rauque jubilation de l'espace affamé.

La lumière affectionne les torrents taris,
Les lèvres éclatées . . .

Va-t'en, la maison est en ordre,
L'épieu du vent la traverse.

Even so, bring home your burnt harvest.
And go away, your hands open, your blood hard.

An unknown enclave remains in this severed body,
A road in my road,

And the hoarse jubilation of starving space.

The light fondles the withered torrents,
The shattered lips . . .

Go away, the house is in order,
The wind's lance is crossing it.

Dans la vieille ferme éventrée,
Où vint s'abattre leur lanterne,

Lui s'attable et coupe le pain,
Elle, commence à souffrir . . .

Des parcelles de vérité
Criblent ma voix sans l'ensemencer,

A l'écart pourtant de la mort volubile,
De l'atroce feuillage aimanté.

In the old disembowelled farm
Where their lantern came crashing down,

He sits at table and cuts the bread,
She, begins to suffer . . .

Particles of truth
Riddle my voice without sowing it,

Yet apart from the twining death
Of the hideous, magnetic foliage.

Langue de pain noir et d'eau pure,
Lorsqu'une bêche te retourne
Le ciel entre en activité.

Nos bras amoureux noircissent,
Nos bras ouvriers se nouent.

Juste la force
De basculer dans le ravin
Notre cadavre successif

Et ma bibliothèque de cailloux.

Earth-tongue of black bread and pure water,
Whenever a spade turns you
The sky falls into action.

Our lover's arms darken,
Our worker's arms knot.

Just the force
To topple into the ravine
Our redundant cadaver

And my library of stones.

Ta nuque, plus bas que la pierre,
Ton corps plus nu
Que cette table de granit . . .

Sans le tonnerre d'un seul de tes cils,
Serais-tu devenue la même
Lisse et insaisissable ennemie
Dans la poussière de la route
Et la mémoire du glacier?

Amours anfractueuses, revenez,
Déchirez le corps clairvoyant.

Your neck, lower than stone,
Your body, more naked
Than this granite table . . .

Without the thunder of a single eyelash
Would you have become the same
Smooth and elusive enemy
In the dust of the road,
In the memory of the glacier?

Sinuous loves, come back,
Tear apart the clairvoyant body.

Longtemps l'angoisse et ses travaux de vannerie,

Soudain cette ombre qui danse au sommet du feu
Comme une flamme plus obscure.

Longtemps les affres et le ploiement
D'un verger soupçonné au défaut de nos fers,

Soudain le furieux sanglot, le dernier rempart,

Et la maison ouverte, inaccessible,
Que le feu construit et maintient.

For a long time anguish and its weaving,

Suddenly this shadow dancing at the peak of fire
Like a darker flame.

For a long time dread and the bending
Of an orchard suspected where our chains are weak,

Suddenly the furious sobbing, the last rampart,

And the open house, inaccessible,
Constructed and maintained by fire.

Frivole agonie tournoyante,
Une femme effrayée de rajeunir
Tombe inanimée pour qu'il neige.

Où est-tu, foudre errante de la forêt
Dont on m'annonce la venue,
— Dont on m'épargne la rencontre?

Les invités s'éloignent sous les arbres.
Je suis seul. Une étoile. Une seconde étoile,
Plus proche encore et plus obscure,

Et leur complicité dans l'atonie
Pour clouer le cœur.

Frivolous whirling agony,
A woman afraid to grow young again
Falls inert so that it may snow.

Where are you, errant lightning of the forest,
Whose coming was announced to me,
– Whose meeting I am spared?

The guests move away under the trees.
I am alone. A star. A second star,
Closer, and darker,

And their complicity in the void
To nail down the heart.

Reste le seul battement
D'une minuscule agonie désirable
Dans les hauts jardins refermés.

La scansion de l'affreux murmure te dégrade:
Écourte ta journée, enterre tes outils.

Only the throbbing remains
Of a small desirable agony
In the high gardens that have closed again.

The scansion of the hideous murmur degrades you:
Shorten your day, bury your tools.

J'adhère à cette plaque de foyer brûlante,
Insensible . . .
Je rends ton enfant à la vague.
Je tourne le dos à la mer.

Reconquise sur le tumulte et le silence
Également hostiles,

La parole mal équarrie mais assaillante
Brusquement se soulève
Et troue l'air assombri par un vol compact
De chimères.

Le tirant d'obscurité du poème
Redresse la route effacée.

I cling to this slab of burning hearth,
Indifferent . . .
I return your child to the wave.
I turn my back to the sea.

Reconquered, on the clamor and the silence,
Equally hostile,

The word, poorly beveled, but attacking,
Brusquely rises,
To furrow the air, darkened by a clenched flight
Of phantoms.

From the poem, the pull of darkness
Restores the ruined road.

L'immobilité devenue
Un voyage pur et tranchant,

Tu attends ta décollation
Par la hache de ténèbres
De ce ciel monotone et fou.

Ah, qu'il jaillisse et retombe,
Ton sang cyclopéen,
Sur les labours harassés,
Et nos lèvres mortes!

Immobility,
As pure and trenchant voyage,

You await your beheading
By the axe of darkness
From this mad monotonous sky.

May it spurt and fall again,
Your Cyclopean blood,
Upon the tired plowing
And our dead lips!

Piéger le seul sourire,
Éteindre le visage et sa suffocation
Sous un crépi de terre calcinée.

Quand même elle sombrerait toute
Il me resterait la brèche:
Son absence de visage et sa seule nudité.

Il me resterait la lame . . .

Déjà les fruits de l'ultime secousse
Criblent les lombes du ciel blanc.

To trap the only smile,
To extinguish the face and its suffocation
Behind a roughcast of baked earth.

Even though it could sink completely
I would still have the gap:
The absence of her face, her single nakedness.

I would still have the blade . . .

Already the fruits of the final shaking
Riddle the loins of the white sky

Dans l'attente à voix basse
De quelque chose de terrible et de simple
– Comme la récolte de la foudre
Ou la descente des gravats . . .

C'est la proximité du ciel intact
Qui fait la maigreur des troupeaux,
Et cet affleurement de la roche brûlante,
Et le regain d'odeurs de la montagne défleurie . . .

Sommets de vent et de famine,
Motet insipide, fureur des retours,
Je redoute moins la déchéance qui m'est due
Que cette immunité
Qui m'entrave dans ses rayons.

Terre promise, terre de l'éboulement,
Malgré les colonnes, malgré le tambour.

Waiting with lowered voice
For something terrible and simple
– Like the harvest of the lightning
Or the crumbling of the plaster . . .

It is the nearness of the intact sky
That emaciates the flocks,
This jut of burning rock,
And the revival of smells from the flowerless mountain . . .

Summits of wind and famine,
Insipid motet, fury of returns,
I dread the ruin which is due to me
Less than this immunity
That fetters me in its rays.

Promised land, land that crumbles,
Despite the columns, despite the drum.

Mon corps, tu n'occuperas pas la fosse
Que je creuse, que j'approfondis chaque nuit.

Comme un sanglier empêtré dans les basses branches
Tu trépignes, tu te débats.

Le liseron du parapet se souvient-il d'un autre corps
Prostré sur le clavier du gouffre?

Jette tes vêtements et tes vivres,
Sourcier de l'ordinaire éclat.

Le glissement de la colline
Comblera la profondeur fourbe,
L'excavation secrète sous le pas.

Le calme s'insinue avec l'air de la nuit
Par les pierres disjointes et le cœur criblé

A la seconde où tu as disparu
Comme une écharde dans la mer.

My body, you will not fill the ditch
That I am digging, that I deepen each night.

Like a wild boar caught in the underbrush
You leap, you struggle.

Does the vine on the rampart remember another body
Prostrate on the keyboard of the void?

Throw off your clothes, throw away your food,
Diviner of water, hunter of lowly light.

The sliding of the hill
Will overflow the false depth,
The secret excavation underfoot.

Calm wriggles into the night air
Through disjointed stones and the riddled heart

At the instant you disappear,
Like a splinter in the sea.

Je touche et tes larmes et l'herbe de la nuit . . .
Allégresse mortelle, est-ce toi?

La lumière deviendra-t-elle argile dans mes mains
Pour la modeler à ta ressemblance,
O mon amour sans visage?

Qui va tresser au pied de la combe
L'osier coupé par ces enfants?

Qui peut mourir encore
Comme une aggravation de la lumière,
Comme un accroissement du calme?

I touch your tears and the grass at night . . .
Mortal joy, is it you?

Will the light become clay in my hands
To be modeled in your image,
O my faceless love?

Who is going to braid the willow
Cut by these children at the bottom of the dale?

Who can still die
Like an intensification of light,
Like a growing of calm?

Parole déchiquetée,

Pour une seule gorgée d'eau,
Retenue par le roc,

Parole déchiquetée,
Fiente du feu perpétuel,

Éclats de la pierre des tables.

Jagged word,

For a single draught of water
Held by the rock,

Jagged word,
Dung from the endless fire,

Splinters of stone from the tablets.

PROXIMITÉ DU MURMURE

THE ENCROACHING MURMUR

(1967)

translated by Paul Auster

Comme il est appelé au soir en un lieu tel
que les portes battant sans fin
facilitent ou dénouent le tête à tête

hors de la crypte forestière il la traîne
au grand jour, ou plutôt il lui parle

il la dénude parmi les rafales de vent
ou plutôt il commence à se taire
avec une telle fureur dans les rayons
de la lumière verticale
une telle émission de silence comme un jet de sang

qu'elle se montre nue dans sa parole même
et c'est un corps de femme qui se fend

As he is called at evening in a place such
that the doors clacking without end
ease or unknot the meeting

outside the forest crypt he drags her
into the growing day, or, he speaks to her

he undresses her amid the squalls of wind
or, he begins to be silent
with such furor in the shafts
of vertical light
such an emission of silence like a jet of blood

that she reveals herself naked in the heart of her word
and it is the body of a woman that cleaves

Par une allée d'iris et de boue écarlate
descendant à la fontaine la tarir . . .

mais toute l'humidité antérieure
revêtait la roche comme si
nos lèvres s'étaient connues
jadis
sans le feu de la rosée qui monte,
sa dot, l'innombrable et l'évanouie . . .

transparence têtue elle flambe
elle environne de ses tresses
un pays qui reprend souffle et feu

Along a walk of iris and scarlet mud
falling to the fountain to dry it up . . .

but all the moisture of the past
clothed the rock as if
our lips had known each other
once
without the fire of the mounting dew,
its dower, the innumerable and the swooning . . .

stubborn transparency, she flames,
surrounding with her tresses
a country that revives its breath and fire

N'être plus avec toi dès que tu balbuties
la sècheresse nous déborde
le cercle de tes bras ne s'entrouvre que pour mieux
ne rien dire
selon l'heure et le parfum
et quel parfum se déchire
vers le nord, l'issue dérobée . . .
Peut-être ton visage contre le mien,
quand bien même tu me mènerais,
encapuchonné, sur ton poing,
comme aux premières chasses de l'enfer

Not to be with you anymore when you stammer
dryness floods us
the circle of your arms half opens only to better
say nothing
according to the hour and the scent
and what scent erupts
toward the north, the hidden exit . . .
Perhaps your face against mine,
even if you had led me,
hooded, on your fist, as if
at the first hunts in hell

Au-delà du crissement d'une sandale dans l'allée

soustraite au silence elle a glissé elle aussi
à cet oubli de soi qui culmine

et s'inverse en un massif de roses
calcinées

aveuglante énumération de ses haltes
et de ses périls
                réciprocité de dentelles
entre son visage et la nuit

j'extrais demain
l'oubli persistant d'une rose

de la muraille éboulée
et du cœur sans gisement

Beyond the scraping of a sandal on the walk

protected from the silence she slid she too
into this loss of self that reaches its height

and is reversed in a clump of charred
roses

blinding enumeration of her stopping places
her dangers
            reciprocity of lace
between her face and the night

tomorrow I extract
the endless oblivion of a rose

from the crumbled wall
and the heart without lode

Plus lourde d'être nue

ses vocalises meurtrières
son rire au fond de mes os

notre buisson quotidien
les balafres de la lumière

Heavier when naked

her murderous voice exercises
her laughter in the core of my bones

our daily thicket
the slashes of light

A se tendre à se détendre
sur les traces secourues

sans se dégager femme tout à fait
du bestiaire indistinct qui la presse

parmi tant de pieux incantatoires
fichés dans le matin
roule et grossit le soliloque

de la boue

fade usurpatrice elle dort et me hait
j'ai négligé son dénuement
elle se tient un peu plus haut

ombre démesurée d'une roue de charrette
sur le mur lourdement vivant

Tightening loosening
on the restored tracks

without entirely freeing herself as woman
from the vague bestiary that besets her

among so many pious incantations
driven into morning
the mud's soliloquy

rolls and grows

pale usurper she sleeps and hates me
I have neglected her poverty
she holds herself a little higher

unbounded shadow of a wagon wheel
heavily alive on the wall

Nulle écorce pour fixer le tremblement
de la lumière
dont la nudité nous blesse, nous affame, imminente
et toujours différée, selon la ligne
presque droite d'un labour,
l'humide éclat de la terre ouverte . . .

étouffant dans ses serres l'angoisse du survol
le vieux busard le renégat
incrimine la transparence
vire
et s'écrase à tes pieds

et la svelte fumée d'un feu de pêcheurs
brise un horizon absolu

No bark to fix the trembling
of the light,
we are wounded and starved by its nakedness,
imminent and always delayed, according to
the almost straight line of a plowed furrow,
the moist flash of the opened earth . . .

the old buzzard the renegade
smothering the anguish of flight in his talons
accuses the transparency
veers
and crashes at your feet

and the slender smoke of a fisherman's fire
shatters an absolute horizon

Sinon l'enveloppe déjà déchirée
avec son précieux chargement

le heurt sous un angle stérile
de la hanche qui luit

comme si l'étrave en était lisse
sous la ligne de flottaison

mais le mouvement de la barque rendit
plus assurés l'écriture l'amour
tels un signe tracé par les oscillations du mât

au lieu des étoiles qui sombrent
entre le rideau bruyant

et l'odeur de ses mains sur la mer

Not only the already torn envelope
with its precious contents

the shock of a glowing hip
at a sterile angle

as if it had smoothed the stern
beneath the water-line

but the movement of the boat made
writing and love more assured
like a sign traced by the swaying of the mast

instead of the stars that founder
between the resounding curtain

and the smell of her hands on the sea

Sous le couvert la nuit venue
mon territoire ta pâleur

de grands arbres se mouvant
comme un feu plus noir

et le dernier serpent qui veille
en travers du dernier chemin

fraîcheur pourtant de la parole et de l'herbe
comme un souffle la vie durant

Under the cover night is here
my realm your pallor

large trees stirring
like a blacker fire

and the last serpent keeping watch
across the final path

yet bloom of word and grass
like a breath the whole life long

Ce qu'une autre m'écrivait
comme avec une herbe longue et suppliciante

toi, toute, en mon absence, là,
dans le pur égarement d'un geste
hostile au gerbier du sang,
tu t'en délivres

tel un amour qui vire sur son ancre, chargé
de l'ombre nécessaire,
ici, mais plus bas, et criant
d'allégresse comme au premier jour

et toute la douleur de la terre
se contracte et se voûte
et surgit en une chaîne imprévisible
crêtée de foudre
et ruisselante de vigueur

What another wrote to me
as with long torturing grass

you, in my absence, all, there,
in the pure frenzy of an act
hostile to the barns of blood,
you break free from them

like a love that turns on its anchor, loaded
with the necessary shadow,
here, but lower, and crying out
from joy as on the first day

and all the earth's pain
is squeezed and arched
and surges in an unforseeable chain
crested by lightning
and dripping with strength

Musique éclatée ciel sifflant dans un verre
fraîcheur du soleil sous la brûlure de la peau

le même sifflement mais modulé
jusqu'au silence qui sourd
de tes plissements de granit
scintillante écriture le même sifflement

lance le tablier du pont sur ses piles de feu

où tombera-t-il noir le fruit méridien
si je franchis le bras de mer

une pierre l'étreint et s'efface

le livre ouvert sur tes reins
se consume avant d'être lu

Shattered music sky hissing in a glass
bloom of the sun beneath the flesh's scald

the same hissing but modulated
until the silence that springs
from your pleats of granite
flickering writing the same hissing

spears the bridge's road on its piles of fire

where will the meridian fruit blackly fall
if I cross the arm of the sea

a stone hugs it and is erased

the open book on your loins
is consumed before it is read

Agrafes de l'idylle déjà exténuée
pour que ce qui fut immergé respire
à sa place, dans l'herbe, à nouveau,

et de la terre, toute, presque anéantie
ou comblée bord à bord
par l'enracinement de la foudre

sauf la respiration de cette pierre nocturne,
le théâtre tel que je me vois,
l'anticipation d'un brasier

Sans son cadavre retourné
un autre traversera la passe
Dans la mémoire de grandes étendues de neige
brillent
entre chaque massacre

Hooks of the idyll already weak
so that what was immersed might breathe
in its place, in the grass, again,

and of the earth, all, almost annihilated
or filled from edge to edge
by lightning taking root

except the breathing of this nocturnal stone,
the theater as I see myself,
the anticipation of live coals

If his corpse does not return
another will cross the narrows
In memory of great stretches of snow
gleam
between each massacre

Sorbes de la nuit d'été
étoiles enfantines
syllabes muettes du futur amour

quand les flammes progressent de poutre en poutre
sous nos toits

exiguë
la définition du ciel

Apples of the summer night
childish stars
mute syllables of future love

when the flames advance from beam to beam
under our roofs

miniscule
the definition of the sky

Nous dégageant, nous, de l'ancienne terreur
ou de cet enrouement par quoi les racines mêmes
s'expriment, s'allégeant . . .

                       que ce soit le silence
ce qui était présent, là, trop exposé
depuis l'aube, sur le sol fraîchement retourné,
l'ingratitude ou la légèreté des hommes, avec le vent,

je me dresse dans l'étendue, seul,
contre cette lumière qui décline,
le bâillon rejeté

                . . . que ce soit le silence
lentement déployé qui règne
déjà nécessaire, déjà opprimant

Freeing ourselves, we, from the ancient terror
or from this hoarseness by which even the roots
express themselves, are unburdened . . .

                                        let this be the silence
what was present, there, too exposed
since dawn, on freshly turned soil,
ingratitude, or the frivolity of men, with wind,

I stand up in the stretch alone,
against this failing light,
the gag thrown aside

                        . . . let this be the silence
that spreads slowly, that reigns
already necessary, already oppressive

Par la déclivité du soir le secret mal gardé

je la blesse au défaut de sa lecture
le vent répare les accrocs

enclume ou
catafalque d'étincelles

avec ce qui naît et meurt au bord
de sa lèvre acide
ciel pourpre et montagne nue

elle se penche et je vois
au-delà de la ligne de son épaule

mon enfance troglodyte

dans la paroi violette où le soleil couchant
se brise comme un pain
elle se penche je vois . . .

et ils regagnent, lui, son affût, elle le feu d'un attelage
– et la même suffocation

By the slope of evening the badly kept secret

I wound her when she does not read
the wind sews up the tears

anvil or
catafalque of sparks

with what is born and dies at the edge
of her acid lip
purple sky and naked mountain

she leans and I see
beyond the line of her shoulder

my cave-dwelling childhood

in the violet wall where the setting sun
is broken like bread
she leans I see . . .

and they return, he, to his hiding-place, she, to a harnessing fire
– to the same suffocation

Seuil de son corps murmurant
                              ce livre
à la lampe je le dédie

à la lampe c'est-à-dire à la nuit
même dôme et même clarté
même indifférence et même
intimité vindicative
lampe et nuit insondables et proches
de la question que le calme infini
de dehors chuchote en l'étouffant
comme on se détourne d'un crime

ce livre je le casse en vous regardant
choses nues
                    malgré l'amarre souterraine
malgré le pas mortel
inaccoutumé

Threshold of her murmuring body
                              this book
I dedicate it to the lamp

to the lamp, that is to say, to the night
same dome, same clarity
same indifference and same
vindictive intimacy
lamp and night unfathomable and close
to the question the infinite calm
whispers from outside, while smothering it,
as if turning from a crime

I break this book within you watching
naked things
                despite the sunken mooring
despite the unaccustomed
mortal step

UN RÉCIT

A NARRATIVE

(1975)

translated by Stephen Romer

Je – dont la configuration se déplace et disparaît audessus de nous, – ultime ou fumée . . .

je, trahi, chassé, reconduit à la frontière, absorbé par le récit, ou dissous dans son espace . . .

il se penche une dernière fois sur les feuilles jaunies, flétries, d'un cahier d'écolier, d'une liasse de préhistoire,

il surcharge des notes crayonnées, biffées, presque effacées . . . inexplicablement soustraites à la flambée des matins . . .

illisible mais déchiffrable graphie où s'accrochent des parcelles de gomme – comme aux buissons la laine des brebis –,

et qu'éclaire parfois la dentelle fiévreuse d'une feuille arrachée, là où la trahison avait paru insupportable

I – whose configuration changes place and disappears, above us, – ultimate or smoke . . .

I, betrayed, hunted, led back to the frontier, absorbed by the narrative, or dissolved in its space . . .

he dwells one last time on the faded yellow leaves of an exercise book, a bundle of prehistory,

he overwrites scribbled notes, crossings out, near effacements . . . inexplicably screened from the morning blaze . . .

illegible but decipherable script where specks of rubber cling – like sheep's wool on briars –,

and lit up, in places, by the fretful lacework of a torn leaf, on the spot where betrayal had seemed unbearable

écriture balbutiante, éparpillée, interrompue, dont les jambages plient devant un accident minuscule, une pierre disjointe, un remous de l'eau du torrent

il répond ou récrit comme on transplante dans un sol ancien,

dans une terre fumée et allégée par les travaux d'un autre, – ancêtre enfant qui ne serait tombé tant de fois que pour lui épargner la rudesse, la virginité du support, l'ingratitude de l'apprentissage

            – les affres et l'atonie de leur enfance de cailloux

il écrit, au milieu du courant, le brouillon de ce qui aurait dû s'écrire innocemment, et qu'en le récrivant il détruit, – il détruit sans l'effacer . . . un récit?

on entend les étoiles grandir, et l'espace glisser, on entend le bâton ferré d'un voyageur qui s'éloigne,

            – et le cri des corneilles alentour imitant le chant éraillé d'une plume sur de lourds feuillets de schiste . . .

stammering, dispersed, interrupted writing where the down-strokes comply to a miniscule accident, an uneven stone, an eddy in the torrent

he responds or rewrites like transplanting in an ancient soil,

in ground manured and thinned by another's work, – an ancestor child who wouldn't have taken so many falls if not to spare him the coarseness, the blankness of the medium, the thankless-ness of apprenticeship
                                        – the pangs and tonelessness of their flinty childhood

in the central current, he writes the draft of what should have innocently written itself, and rewriting it he destroys, – destroys without effacing . . . a narrative?

swelling stars, shifting space is audible, the alpenstock of a traveller moving away,
                                        – and all around the screech of crows that imitate the scraping of the quill on heavy sheets of slate . . .

Un métier poursuit à l'écart son ouvrage inconsistant . . . Dans l'obstination de la chaîne et de la trame, une silhouette enfantine apparaît, s'efface, resurgit . . .

parmi tous les visages qui m'obsèdent, pourquoi le sien? Et lequel? Ou le même, lisse, inconnu . . .
dont la violence et la clôture, dont le vague éclairant l'angoisse, refusent la nouvelle glaciation

pourquoi le rejet, le choc en retour, – avec la prison claire de la toile qui le suscite et le retient captif . . .

un métier, à l'écart, comme s'il était interdit de lire, excepté en avant de l'écriture même, à travers la divination de la soie qui se tisse,
– ou de lèvres qui se tairaient, objecteraient, saigneraient en silence,
effaceraient sans les détruire une succession de lieux-dits, de chimères, de supplices, de fils noués à des épaules trop légères . . . un récit?

To one side, a loom continues with its inconsistent work . . . In
the stubbornness of warp and weft a childlike silhouette appears,
effaces, rears up . . .

of all the faces that obsess me, why his? And which one? Or
the same, smooth, unknown . . .
                              whose violence and closure,
vagueness flashing to anguish, refuses the new ice-up

why the throwback, the recoil, – with the clear prison of canvas
that arouses and holds him captive . . .

a loom, to one side, as if reading were forbidden, except in
advance of writing itself, through the divining of self-weaving
silk,
        – or lips which would be silent, which would bleed and plead
in silence,
            which would efface without destroying a succession of
special places, chimeras, torments, threads knitted to insubstan-
tial shoulders . . . a narrative?

Une inconnue . . . Je l'ai surprise, elle essuyait du doigt la poussière qui adoucissait la tranche d'un livre, sur le plus bas rayon –

un livre rarement compulsé, auquel pourtant je suis attaché par un lien essentiel, et tenu à distance comme par un interdit, l'avertissement d'un péril –

la foudre suspendue entre ses lignes, et qui me frapperait de cécité – ou dessécherait le cœur d'un autre –, si j'en poursuivais la lecture

un livre prédateur, dont la proximité me hante et me repousse, en entretenant une exaltation trouble, dévastatrice . . .

sur le rayon du bas, dépassant de l'alignement des volumes, exposé plus qu'aucun autre à la lumière, à la poussière, au caprice de la main qui glane –

et pourtant frappé d'hébétude, de refus hagard, depuis tel meurtre ancien, sauvage, silencieux, qui se perpétre toujours entre ses feuilles

– et renouvelle la nuit de sa naissance . . .

un livre illisible par intensité – et qui cesse de m'interpeller, de me souffler une peur primitive –

comme si poussière vénéneuse et sang caillé avaient envahi ses marges,

A stranger . . . I surprised her as she was wiping off dust with her finger, dust that softened the top of a book, on the lowest shelf –

a book rarely flicked through, but one I am attached to by a crucial link, and kept at a distance as though by interdiction, a danger warning –
               lightning hung between its lines would strike me wordblind – or wither another's heart –, if I persisted in reading it

a predatory book, whose closeness haunts and rebuffs me, while harbouring a dim and devastating exaltation . . .

on the bottom shelf, higher than the squared line of volumes, exposed to the light more than any other, to the dust and capricious gleaning hand –
               and yet dumbfounded, struck with drawn refusal, since such a murder, ancient, savage, silent, which is being perpetuated between its pages
               – and renewing the night it was hatched . . .

a book that is illegible through intensity – which never ceases to challenge me, or send a primitive fear through me –
               as if poisonous dust and clotted blood had invaded its margins,

débordé ses fossés, ses talus brûlés, la pâleur de sa prisonnière
derrière le masque ou le fard ...

... traces brunes, traînées de marne rouge, caractères dansant
la gigue sous la potence d'un pendu qui n'existe pas – si ce n'est
notre oscillation de lecteur

un volume incliné, sur le rayon le plus bas, près d'un angle
du mur,
    – vers lequel les doigts d'une inconnue s'allongent, biai-
sent, dominent leur tremblement, pour lui dérober, à cette heure
tardive, un peu de l'énigmatique poussière ...

... à l'écart, son ouvrage –
                tandis que le dehors dicte, que le
dedans crispé se dérobe, s'ouvre, fuse –
                         s'écrase comme un fruit
sur le mur d'en face, avec le soleil ...

ni le récit, car il me chasse, ni le survol d'un territoire démembré
... pourtant la chaleur de son éloignement attire et mêle, ici, déjà,
sur le métier –
          toutes les lignes qu'il convoite, les brumes –
les couleurs, la compacité d'une terre soulevée ...

crossed its ditches, its scorched slopes, the paleness of its prisoner
behind mask or rouge . . .

. . . brown traces, streaks of red marl, characters jigging under
the sway of a non-existent hanged man – unless it be our oscilla-
tion as readers

a tilted volume, on the bottom shelf, near a corner of the wall,
– towards which the fingers of an unknown woman extend, slant,
master their trembling, to steal, at this late hour, a little enig-
matic dust . . .

. . . to one side, his work –
                                    whereas the outside dictates, the
withered inside gives way, opens, fizzles –
                                                   crumples with the sun,
like a fruit on the opposite wall . . .

neither the narrative that expels me, nor the flight over dis-
membered tracts . . . however the warmth of its aloofness attracts
and mingles, here, already, on the frame of the loom –
                                                              all the lines
it covets, the mists –
                          the colours, the density of raised ground . . .

car il me chasse, en retour de soins écarlates, et d'un sacrifice burlesque –

l'aveugle aveuglante paroi se fend, m'introduit dans la place, nuage et gibier, pour la réitération du non-vu, du non-vécu, du non-frayé . . .

miroir-abîme d'une narration déjouée, miroir du simulacre, abîme du scrupule . . .

Je ne songe, écrivant – depuis le premier souffle, écrivant – qu'à ce pouvoir d'allègement, d'ubiquité, de dédoublement, de survol, que m'apporterait le récit –

sa semence jetée au gouffre même, son corps morcelé, ses têtes tranchées, innombrables, radieuses

comme il convient à cette espèce de rapaces migrateurs, qui ne sont rien –

que le cri, que le calme –

de leur propre dispersion dans l'espace,

because it expels me, in exchange for scarlet care and a burlesque sacrifice –

the blind blinding rock-wall splits, admits me to the place, cloud and prey, to reiterate the unseen, the unlived, the untried . . .

mirror-chasm of a thwarted narration, mirror of the simulacrum, chasm of the scruple . . .

Writing – after the first breath, I dream only, writing –
of this
power of alleviation, ubiquity, division, flyover the narration would afford –
its seed thrown into the abyss itself, its body in pieces, its heads lopped off, innumerable, radiant

as favoured by those migrant predators, who are nothing – but the scream, the calm –
of their own dispersion in space,

de leur distribution alternative dans un espace transgressé, ou l'ample trajectoire, encore, de leur configuration accomplie . . .

Je touche une lisière vive –

sans recourir aux marges, – piétinées, rapiécées – ni même à cette embarcation de fortune dont j'ai tenté, sur un autre clavier, de jalonner la dérive, le naufrage, – le bonheur même

les rayons divergent; l'écriture casse, se morcelle . . . trop d'images, à distance, et de figures, qu'il faut détruire avant qu'elles n'aient envahi l'espace –

altéré le corps . . .

comme un navire, au large, arraisonné, après le coup de semonce – et le tir réel –

il coule, je sombre avec lui . . . la représentation est terminée, n'a pas eu lieu, se termine sans fin . . .

j'inscris le redoublement de la trace à travers le temps – la trace de l'échec du double récit . . . dans ma hâte je confonds le vol de l'épervier avec la machinerie d'une catapulte –

lourde, monstrueusement crédule, dont l'exorbitante poussée vers les angles – et le feu

of their alternative distribution in a space transgressed, or else
the broad trajectory of their finished configuration . . .

I touch a live seam –
            without recourse to the margins, – tram-
pled, patched – nor even to this makeshift barque whose drift,
wreckage, and even happiness I've tried to play out on another
keyboard

the rays diverge; the writing breaks, fractures . . . too many
images, distanced, and figures to be destoyed before they have
invaded the space –
            corrupted the body . . .

like a hailed ship in the offing, after the warning shot – and the
shot itself –
            it sinks, I founder with it . . . the performance is over,
never took place, terminates without end . . .

I inscribe the duplication of the imprint through time – imprint
of the twin narrative thwarted . . . in my haste I confuse the flight
of the sparrowhawk with the mechanics of a catapult –
                                                    heavy,
monstrously credulous, whose exorbitant thrust towards angles –
and fire

n'absorbe pas cet
arôme naissant, entêtant, – n'arrête pas cet autre feu rieur, fragile,
qui court, par travers, sur ses brisées . . .

aprés tant de revers et de massacres, et jusqu'au soleil, ses
projectiles ont écrasé, ont exclu, du moins, de cette page, et de
toutes –
      le sujet oppressif, dérisoire, dont je porte la défroque
emblématique

et le voici pendu à la poulie de l'initiale de son nom, à l'exténua-
tion de sa parole, – seule . . .
                et l'enfant qu'il n'a
jamais été contemple enfin l'insignifiance et l'impuissance de ce
très maigre oiseau de proie, de cet usurpateur
      qu'on lui a désigné pour père, – et commis pour meurtrier . . .

pas même un rapace fourbu –
              mais le ver dans la phrase et la
plaie, mais l'insecte épinglé dans son album de vacances, ivre,
paralysé, après la plongée dans le flacon de formol . . .

cet homme, quelque part, – soulevé de terre, détaché du
souffle –
      cet être exsangue et désarticulé, dont je guide la descente
oblique dans les plis d'un langage gluant et maculé de sperme, de
sang, d'excréments, –

                                        does not absorb this
heady and growing scent, – or stop that other laughing fire, which
runs, fragile, crossways on its tracks . . .

    after so many reverses and massacres, its projectiles have
erased, even from the sun, excluded at least, from this and every
page –
        the oppressive derisory subject, whose emblematic cast-
offs I carry

    and here he is hanged from the pulley – the initial of his name –
from the extenuation of his speech, – alone . . .
                                    and the child he
has never been contemplates, finally, the importance and insignifi-
cance of this skinny bird of prey, this usurper
    assigned to him as father, – and ordained as murderer . . .

    not even a worn out predator –
                            but the worm in sentence and
sore, the insect pinned in his holiday album, drunken, paralysed
after its plunge into the flask of formalin . . .

    this man, at large, – raised from the earth, detached from the
blast –
        this bloodless and dislocated being whose oblique descent
I guide into the folds of a language sticky and stained with sperm,
blood, and excrement, –

à peine a-t-il souffert,
à peine a-t-il su qu'il aurait pu vivre . . .

est-il mort, souffre-t-il ?
                    — souçonne-t-il, dans sa migration,
son détournement infini, ce que l'écriture endure à sa place,
— ce qu'elle endure, en nulle place, d'irréparable, jusque dans le
soleil — et que tout ce qui la détruit la fait vivre —
                                        en érection, en
insurrection, offerte, déchirée — et desserre nos dents comme une
envie de mordre ou de vomir . . .

Logique du récit, d'où s'élève une obscurité pendulaire, malgré
la scansion explosée, malgré le silence —
                              je tente de creuser une
étroite galerie hagarde vers toi —
                        même sous l'épaisseur de terre
et de rocs, la sédimentation d'écrits avortés qui font barrage,
qui pèsent sur le souffle, démantèlent un corps, menacent de
l'ensevelir

les figures du récit ne s'élèvent à la lisibilité qu'à la faveur, et
dans la lumière, du désastre. Il leur faut nous briser — je résiste —
briser le réseau de nos peurs entrecroisées, monter

                                        he scarcely suffered,
scarcely knew he could have lived . . .

is he dead, does he suffer?
                    – does he suspect in his migra-
tion, his infinite turning away, what writing bears in his place,
– what irreparable thing it bears, in no place, even in the sun –
and that what destroys it makes it live –
                                in erection, in insurrec-
tion, offered, torn – and unclenches our teeth like a need to bite
or vomit . . .

Logic of the narrative, from where a hanging darkness rises,
in spite of the exploded scansion, the silence –
                                I am trying to dig
a ghastly narrow passage towards you –
                                under even the thickness
of soil and rocks, the sediment of aborted scripts which obstruct,
which weigh down the breath, dismantle a body, threaten to swal-
low it up

figures of the narrative rise only to readability by the help and
in the light of disaster. They must break us – I resist – break the
network of our intertwined fears, surmount our

de notre rire, de notre mort –
                    jaillir de nos cadavres accouplés –
            tel un funambule enfant au-dessus d'un brasier froid,
    – qu'il rallume en se perdant . . .

            Éclairé par la fièvre, tout un devenir effrité s'écoule de ses
doigts, le recouvre, l'ensable –
                    prisonnier de l'ouvert, maître de
verrous absents, il va, revient, se détourne

        métamorphosé par secousses, rétractations, dans l'entre-deux,
l'implicite, le dos à dos avec la folie dont la force l'égare et dont
le parfum le protège . . .

            d'où vient que tant de violence et d'enjouement s'éparpille,
s'exténue?

        rejetant toutes choses et le dehors, presque, – ce presque étant
son étoile en abîme, pour le détourner de nos traces, l'ancrer à son
seul mouvement, l'orienter –
                    selon son désir même

laughter, our death –

to spring from our joined cadavers –
like a child on the tightrope above a cold brazier, – that
he reignites in falling . . .

Lit up by the fever, a whole crumbled future runs through his
fingers, covers him, sinks him in the sand –

prisoner of the open,
master of missing bolts, he goes, comes back, turns away

metamorphosed by jolts, recantations, in the interval, the im-
plicit, the back to back with madness, whose force misguides him
and whose scent protects him . . .

how comes it that so much violence and playfulness scatters,
extenuates?

rejecting everything and the outside, almost, – that almost its
abysmal star, to throw it off our scent, anchor it to its very move-
ment, steer it –

according to its own desire

il traverse l'étendue, les yeux fermés, rejetant le dehors à chaque expiration, brûlant les souches et la pierre, jusqu'à telle ligne, à l'intérieur – inerte, tendue comme un axiôme –

ligne de fuite et de ralliement, qui commence sans nous le récit de sa perdition . . .

par le scintillement de la surface, l'écart excédant l'écart,

la page est criblée, est ouverte – et la trace double effacée, jusqu'à son prolongement dans la main . . .

Ne demeurent vivantes, opérantes, à sa suite, que des mesures d'espace, que des points de triangulation et d'étranglement dans l'étendue qu'il traverse :

arbres, rochers, groupes de mots compacts, lignes à haute tension, signaux, bergeries –

guides aveugles, repères qu'on ne questionne pas – sinon pour révéler l'antériorité de la trace, un arrière chuchotement, une enclave intraduisible

quelque chose advient, hors du temps, subordonné à sa seule annulation spacieuse –

et qui se définit, s'éclaire, dans le mouvement ininterrompu de la trame et de la chaîne, et qui s'en vient, s'en va, se rapproche, nous blesse, ne nous atteint pas,

eyes shut, he crosses the expanse, rejecting the outside with each breath, burning up stumps and stone, as far as that line, in the interior – inert, taut as an axiom –

line of retreat and rallying, which starts the story of its perdition without us . . .

through the dazzle of the surface, margin exceeding margin,

the page is riddled, open – and the double imprint effaced, up to its prolongation in the hand . . .

What remains alive and operative in his wake are only measures in space, points of triangulation and strangulation in the expanse he is crossing:
                      trees, rocks, groups of compact words, high tension wires, signals, sheep-runs –
                               blind guides, unquestioned landmarks – that if questioned reveal the antecedence of the imprint, a backward whispering, an untranslatable enclave

something occurs, out of time, subordinated to its single spacious annulment –
                        which comes clear, lights up, in the uninterrupted movement of warp and weft, and which comes, goes, approaches, wounds us, does not reach us,

– ayant toujours été là, en excès, et par défaut, selon l'intensité
de notre écoute, de notre peur –

quelque chose qui joue sur la
fatigue et l'impréparation, sur le sommeil, le vertige et le saisisse-
ment –

forteresse à prendre d'assaut, dans l'élan –

avec la nécessité
harassante de desceller, une à une, chaque pierre du rempart,
d'illuminer, une à une, et toutes, ensemble, chaque parcelle de
ton corps

Car je travaille sur un corps – un corps dont je dois être à la
fois le père, et le parricide

un corps dans le mien que je sens tressaillir, se ramasser,
s'apprêter à bondir –

se jeter DEHORS

mais il occupe toutes les chambres secrètes de mon corps, les
passages dérobés, les cheminées profondes –

il circule dans les
plis, les siphons et les gouffres de mon corps, il inonde le faisceau
des fibres, il secoue l'air du dedans

– having been there always, in excess and by default, according to the acuteness of our hearing, our fear –
something which plays on fatigue and unreadiness, on sleep, on dizziness and seizure –

a fortress to take by storm, on the impulse –
with the harassing necessity of working loose, one by one, each stone from the rampart, of lighting up, one by one, and all together, each particle of your body

For I am working on a body – to which I must be, at one and the same time, father and parricide

a body inside my own that I feel trembling, gathering, preparing to leap –
to throw itself OUTSIDE

but it occupies all the secret chambers of my body, the hidden passageways, the deep chimneys –
it circulates in the folds, the syphons and the chasms of my body, floods the bundle of fibres, shakes the air inside

et pour nous deux, ensemble, le travail continue, sans avoir
commencé – le travail,

ou l'attente, l'affût . . . l'abrutissement de
la gestation, le désœuvrement essentiel, sa gradation irrésistible –
et la danse effrontée, immobile, accouplant le vivant qu'il sera, et
le mort – ou cette chose morte – que je suis, écrivant aux morts

car nous travaillons sur un corps – oubliez-le : avec de gros-
siers couteaux –

l'intensité d'un corps déchu, défiguré, transporté,
inouï –

qui oppose le barrage de sa propre langue et de sa mutité,
ses murs de flammes, sa différence monstrueuse – le fonctionne-
ment de ses organes et leur sauvagerie, leur opacité, leur produc-
tion de sens erratique, – la traîtrise de leur écart –

et leur jonction
à d'autres chaînes, invisibles, insaisissables . . .

Souffles confondus, corps distants, nous joindre, nous amarrer
sans fin – nous enchanter :

car j'écris pour le séduire, et le cor-
rompre – autant que pour le mettre au monde, – et le détruire . . .

and for us two together, the work continues, without having begun – the work,

or the waiting, the stalking . . . the fatigue of gestation, the essential idleness, its irresistible ascent –

and the immobile, impudent dance, that couples the about-to-live with the dead – or this dead thing – that I am, writing to the dead

for we are working on a body – but forget that: with crude knives –

the intensity of a fallen body, disfigured, transported, unheard of –

which pits the barrage of its own language and its silence, its walls of flame, its monstrous difference – the workings of its organs, their savagery, opacity, their production of drifting meanings – their treacherous discrepancy –

and their union with other fetters, invisible and ungraspable . . .

Confused gasps, distant bodies, join us, bind us up endlessly – enchant us:

for I write to seduce and corrupt it – as much as to bring it into the world, – and destroy it . . .

que faire de sa langue, mêlée, déjà, à la mienne, effrayante, in-
connue, – seule vivante encore –

                sinon la brancher sur d'anciennes
histoires, l'enraciner à des mottes de terre calcinées et prêtes
à reverdir, la conduire aux monstruosités, à des bribes de fic-
tions remémorées,

             – pour la replonger dans la gorge, l'asservir
à la même jouissance angulaire,

                  et resserrer le nœud jusqu'à
l'étranglement

J'attendais tout de la violence de l'oubli

                     – l'articulation du
récit, le pas suivant, – et de son jeu de trames et de chaînes,
j'attendais, ici, par calcul, fourberie ou désir, que s'ouvre dans le
réel un espace irréductible, une jouissance équilibrée, plus haute
que la pleine mer, dont l'irruption, la fraîcheur . . .

    l'énergie que je peux capter, produire, jaillit, au contraire, de
la fragmentation, de la teneur de rapports fragmentaires, – d'un
déplacement presque immobile d'éclats –

                    implosion invisible de
ce gisement vague et insensé, le ciel, inséminé par tous les pores de
la surface, injecté jusqu'aux artères les plus arriérées du sous-sol

what is there to be done with its language, already mixed with my own, strange and frightening,

                                — still the only thing alive — except to connect it with ancient histories, root it in mounds of calcined earth ready to green, lead it towards the monstrosities, the fragments of remembered fictions,

                                — to plunge it back into the throat, enslave it in the same acute climax,

                                and tighten the knot to strangling point

I looked to violence and oblivion for everything —

                                the articulation of the narrative, the next step, — and here, by calculation, deceit or desire, from its game of warp and weft, I expected an irreducible space to open up within the real, a balanced enjoyment, higher than the high seas, the explosion and freshness of which . . .

on the contrary, the energy I can tap, produce, sparks from the fragmentation, the tenor of fragmentary connections — from an almost static displacement of flashes —

                                an invisible implosion in that vague and senseless deposit, the sky, inseminated through every surface pore, injected into the most benighted arteries of the sub-soil

mais en face – blessure, nuit – de cet œil, de ce ciel, contre toute entreprise d'édification et de vertige, décharge d'érudition non soufferte, accumulation

qui recouvre, et soustrait la prise vivante à son propre incendie,

le sperme de l'écrit-soleil

s'insurge et meurt, ses épis décortiqués volant en poussière, s'enlevant avec le souffle,

pluriel splendide et affamé qui dépouille de nos marques et de nos limites, comme un serpent de sa peau

avec le souffle qui se rapproche et s'enhardit, sauvage, familier . . .

le souffle insoutenable, mêlé au mien, ou simplement inconnu, ou simplement imperceptible, et qui m'emporte et nous dissout, ensemble, unis, comme une autre monstruosité de l'air

Précédant le feu du récit, sa transparence, l'obstruction miroitante qu'elle oppose à ma rapidité, à mon impatience mortelle, – et sur sa trace absolument détruite :

ce qui est là, depuis toujours, accroché aux ronces, tiré sur l'abrupt,

but opposite – wound, night – of this eye, this sky, against all
undertakings of edification and vertigo, discharge of unsuffered
erudition, accumulation
                        that covers, and screens the living sample
from its own fire,

    the sperm of sun-script
                        surges in and dies, husked ears flying
in the dust, rising with the breeze,

    the splendid famished plural divests itself of our marks and
limits, like a snake from its skin

    with the breath that approaches and grows bold, savage, famil-
iar . . .
        the unbearable breath, mingling with mine, or simply un-
known, or simply imperceptible, that carries me off and dissolves
us, together, united, like another monstrosity of the air

    Preceding the narrative fire, its transparency, the shimmering
obstruction with which it opposes my rapidity, my mortal impa-
tience,
        – and on its imprint, utterly destroyed:
                        what is there, for
all time, caught on the thorns, pulled up

une ombre irréparable, un corps avant de naître, l'absence de limi-
tes du récit
                    — un feu de branches vertes, la fumée d'un corps qui
se défait, s'écrivant, — hors de notre amour inhumain . . .

Une épaule engagée dans le froid d'une autre nuit, tu es peut-
être, déjà, hors d'atteinte
                    — même si la foudre a noirci tes poignets,
même si je trace avec cette encre et ce feu les noms trop lourds et
les nombres trop rêches que tu abandonnes en fuyant . . .

Ce serait ta fin, ce récit, ce soupçon,
                    — après un millénaire,
déjà, d'errance dans l'air musical, brusquement — un jet de sang
icarien

Il n'y a pas de fin, tout peut reprendre, s'écrire, s'enchaîner : le
cri, le calme, le dehors . . .

dead, an irreparable shade, a body before its birth, the limitlessness of the narrative –

        a fire of green branches, smoke from a body which falls apart, writing itself, – outside our inhuman love . . .

A shoulder locked in the cold of another night, you are, perhaps, already out of reach

        – even if lightning has blackened your wrists, even if I print with this ink and this fire the overladen names and too harsh numbers that you abandon in your flight . . .

It would be your end, this narrative, this mistrust,

        – after a millennium, already, of wandering in the musical air, brusquely – a spurt of icarian blood

There is no end, everything can start again, write itself, link up: the scream, the calm, the outside . . .

HISTOIRE DE LA LUMIÈRE

THE STORY OF LIGHT

(1978)

translated by David Shapiro

Si près de devenir sa dénégation
son garrot

lui le double
ancien
le corps détruit

dans l'air
à contre-espace

il scintille   ne s'efface pas
ne renonce pas

à se dissoudre dans la langue

So close to becoming its denial
its garrot

he the old
double
the ruined body

in the air
athwart

he gleams   does not obliterate himself
does not give up

dissolving himself in the tongue

Elle
    énigme dans la chaleur

renversée   elle jaillit

sa lecture
culmine

bat
contre un socle ruisselant
d'inscriptions

par la perte de soi toujours future   toujours
partie prenante et glacée

She
    enigma in the heat

turned upside down   she erupts

her reading
culminates

beats
against a plinth streaming
with inscriptions

always future because of the loss of self   always
the frozen injured party

Simplicité de figure

son mouvement un éclat gris
de silex ou de hanche
la lie

à ma difformité au cycle
conjectural

que la subrogation du feu redresse
élargit   restitue

aria de la nuit et de l'accord

par delà
l'illuviation de la feuille

Simplicity of shape

her movement a grey flash
of flint or hip
ties her

to my deformity in the conjectural
cycle

that the delegation of the fire straightens
widens   restores

night's aria and harmony

beyond
the leaf's alluvial flow

Le triangle du masque se déchire

inversement
le socle narratif en porte-à-faux

d'un brusque arrachement du sol
ou d'un calcul
de sonorités et de hauteurs

par cet angle du pli la sommant
elle
de se détruire   la sommant
d'émouvoir le nombre

un tressaillement de feuilles
sous l'eau noire
me lie à sa respiration
à son tranchant

le socle se déplace   bloc noir
déchirure

The triangle of the mask tears

inversely
the narrative plinth aslant

with a brusque tearing of the ground
or with a calculation
of sonorities and heights

by this angle of the fold summoning
her
to destroy herself   summoning her
to disturb the many

a shiver of leaves
under black water
ties me to her breathing
to her cutting

the plinth displaces itself   black mass
laceration

Rien ne presse la pierre qu'une feuille

et la feuille foulée que la pierre
sans inscriptions   macle

d'un éblouissement déréglé   bloc

noir   déchirure

comme une équation de singes
au tirement de l'épine
érafle l'ornementation
la charge d'humour   l'aigreur

d'une langue désaffectée . . .

Nothing presses the stone but a leaf

and nothing the trampled leaf but the stone
without inscriptions   twinned crystal

with a disordered dazzle   black

mass   laceration

just as an equation of monkeys
tugging on the thorn
grazes the ornamentation
the charge of humor   the sour taste

of an abandoned language . . .

Ce sont des lames sans la mer

des voliges sans les tuiles
et l'interdiction

un enfant

soulevé avec le feu
qui monte dans nos vertèbres

aussitôt rompu le nœud
éclaté le sceau   lancé
le crochet de fer

vers l'aïeul et son recel
pour lui extorquer l'enfant
mort

une ombre dans la lumière

These are waves without sea

roofing-strips without tiles
and the interdiction

a child

rising with fire
rising in our vertebrae

immediately the knot is broken
the seal exploded   the iron
hook thrown

to the grandfather and his illegal trafficking
in order to extort the dead
child from him

a shadow in the light

coupant en son milieu le livre

                                 coupant

le ciel et le sens

nulle alternative de parole
ou d'agonie
ni les grains de la lumière

n'ensemencent les hauts-fonds

où les meurtres coulent
lents
et définitifs

cutting the book in the middle
                        cutting
sky and sense

no alternative of word
of agony
neither seeds of light

nor sowing of the shallows

where murders flow
slowly
definitively

Alors commence la couleur
le voyage

multitude en résonance avec
l'unanime
cassure
dont l'instrumentalité

dément la folie   dégage
le corps   distingue la danse
et le corps

et raccorde le refus
du cerne
et de l'ombrement

au jet de la ligne ouverte

à la simplicité qui casse le corps
et la lettre

d'une absence augurale de sens

par cruauté de l'accord

Then the color begins
the voyage

the many resonating as
one
fracture
whose instrumentality

denies the madness   releases
the body   distinguishes the dance
and the body

and reconciles the refusal
of the halo
and the shadowing

to the stream of the open line

and to the simplicity which breaks the body
and the letter

of an augural absence of meaning

through the cruel harmony

Ligne désœuvrée ligne ouverte

à ce qui se joue mortellement
dans l'espace écrit

par un glissement de nœuds
et la tergiversation
de l'écoute

ligne ouverte plusieurs lignes

comme leur sauvagerie
s'allume contre la mer
et ravive

une autre fraîcheur
en dessous

Idle line open line

to what is played out mortally
in the written space

by a slipping of knots
and the evasiveness
of the ear

open line many lines

as their savagery
catches fire against the sea
and brightens

another freshness
below

Et brûlent
deux corps dévastés   liés

à la célébration d'une épave
dont le vieux bois rongé laisse
saillir
        les veines   les lignes
de cumul et de dispersion

lignes de magnitude des astres
lignes
de consomption du glacier

And burn
two devastated bodies   bound

in celebration of a wreck
whose old corroded wood lets
the veins
            stand out   the lines
of accumulation and dispersion

lines of astral magnitudes
lines
of the glacier's gradual decline

Et sur l'envers soyeux du voyage

un corps distant ressurgi
émonde
ses traces   et la mort

de sa native fiction éclatée

se joue de l'espace et de
l'impossible suspendu
pour un instant clair

à sa lèvre noire
au biseau de ma flûte d'os

à l'excès de sens
et de ciel

On the silky lining of the voyage

a distant body sprung up again
lops off
its traces   and the death

of its shattered native fiction

thwarts space and
the impossible suspended
clear for one instant

on her black lip
at the bevel of my bone flute

in an excess of meaning
and sky

Solstice

calque et précession
de l'unique
amour

à distance du corps étreint   nébuleuse

fuyante et réglée
de crevasse en escarpement sous la terre

le calque et la précession
de l'unique amour

impersonnel

comme le serpent

et le cri

Solstice

tracing and precession
of the only
love

at a distance from the gripped body   nebulous

fleeing and ruled
by a crevasse in a steep slope under the earth

tracing and precession
of the only love

impersonal

as the serpent

and the cry

quand rien ne passe dans l'air
que le cri

les battements
d'ailes d'oiseaux de nuit   fumerolles
sur les décombres

                                crissements
de la plume sur la feuille

musique pour finir qui s'ajointe
et renâcle
à la mort   à la lumière . . .

à travers l'étoupe
d'un bâillon de mots ensanglantés

contre la bouche

when nothing travels in the air
but the cry

        the beating
of night birds' wings   volcanic wisps of smoke
on the wreckage

           rustling
of the pen on the page –

music at the end that joins
and sniffs
at death   at light . . .

across the tow
of a gag of bloody words

against the mouth

contre la pierre éclatée
de la longue divination
de ta bouche dans ma langue

d'un bâillon de mots contre la bouche
afflue la couleur

                    – marâtre déjà lue   lavée
roulant

entre mes dents les cadavres
de l'ancien empire

et la langue ravalée

dans la gorge

où s'ancre
              et durcit

against the shattered stone
from the long divination
of your mouth in my tongue

from a gag of words against your mouth
color flows

                  – wicked step-mother read before   bathed
rolling

the corpses of an old
empire between my teeth

and the tongue swallowed back

in the throat

where it anchors
                 and hardens

l'odorante chaîne de paroles
qui nous façonne selon   et nous tire
selon
        sa terreur   selon

la lumière

the scented chain of words
which shapes us according to   and pulls us
according to
               its terror   according to

the light

BLEU ET SANS NOM

BLUE AND NAMELESS

(1981)

translated by David Shapiro

Passé l'arrachement sombre, bleu,

d'une masse de granit en suspension
dans le souffle,
    franchi l'abîme d'une floraison illimitée . . .

Beyond the wrenching dark, blue,

of a granite mass in suspension
in the breath
    the abyss is cleared of an unlimited blossoming . . .

l'instant mortel nouveau-né, le non-éclat
éphémère
l'irruption, l'inscription commençante
d'une parole en avant de soi, à l'écart
de nous, vertigineuse, ressassante . . .

– qu'elle se trahisse ou s'expose, qu'elle vacille
et se redresse,
qu'elle revienne à la ligne
sans être venue,
qu'elle se déchire ou s'accroisse, qu'elle se trace
ou se retranche

                             elle vient de se détruire,
de s'écrire : sur le fractionnement de l'air :

l'intensité des facettes aveuglantes de l'air,

the fatal new-born instant, the ephemeral
non-burst
invasion, the beginning inscription
of a word in advance of itself, apart
from us, dizzying, reworking . . .

– let it betray itself or expose itself, let it vacillate
and stand erect again,
let it return to the line
without having come at all
let it tear itself or increase, let it show the way
or take refuge

                                it has just destroyed itself
just written itself: on the fractioning of air:

the intensity of the blinding facets of air,

étincellement pur, sans recul, sans visée,
sans plissements d'arrière-monde –

de s'écrire, obséquieuse, contre le vide
où ta cohérence bascule, et ton souffle
s'interrompt

donnant à voir un commencement
de configuration infinie
par son seul adossement au silence . . .

Parole, – comme incestueusement relevée
sur le morfil de la serpe

reprise obliquement par une chaîne
souterraine – de visions,
de coïncidences et de froissements où,

pure sparkling, without recoil, without target,
without the folding of the world behind –

to be written, obsequiously, against the emptiness
where your coherence dips, and your breath
interrupts

opening up a beginning
of endless configuration
merely through its leaning into silence . . .

Word, – as incestuously raised
on the wire-edge of the bill-hook

recaptured obliquely by an underground
chain – of visions
of coincidences and crumplings where

sans lumière encore, en allègement meurtrier,
son émissaire, féminine – déjà – détruite déjà –
traverse en naissant le massif
d'un nom ignoré

sa voix, l'intonation de sa voix souterraine
charge d'acide, de gravier, de brouillard
les fissures, et la raucité, de ta langue,
la lumière, l'inachèvement de ta langue . . .

parole qui revient, sans être venue,
et s'écrit, en avant de nous et de soi, pulvérisant
la trajectoire qui l'occulte

et rassemblant – dans le bleu profond
la défiguration de notre couple inhumain,
un attelage du soleil . . .

still without light, in a murderous mitigation
its emissary, feminine – already – already destroyed
at birth crosses the mountain
of an unknown name

its voice, the intonation of its underground voice
burdens with acid, gravel, fog
the fissures and the hoarseness of your tongue
the light, the incompletion of your tongue . . .

word which returns, without having arrived,
and writes itself, beyond us and itself, pulverizing
the trajectory which darkens it

and gathering – in the great blue
the defacing of our inhuman couple
a yoking of the sun . . .

Que les mots fassent souche dans l'air,
à la surface et dans la profondeur de l'air,
qu'ils s'écrivent

                qu'ils relancent, qu'ils réactivent
une énergie disloquante
et, contre la blancheur qui les récuse, les aiguise,
contre la douleur dont ils se gorgent,

qu'ils s'écrivent, là encore, obstinément,
sans ébarber le fer, le fil, l'assiduité de la lumière,

– sans étouffer son cri, sans interrompre sa filiation
de poussière sauvage . . .

Let the words sink their roots in the air,
at the surface and in the depths of the air,
let them be written
                  let them reanimate, let them reactivate
a dislocating energy
and against the whiteness which challenges them, sharpens them,
against the grief on which they glut

let them be written, there again, obstinately,
without clipping the iron, the thread, the assiduousness of
    the light,

– without stifling its cry, without interrupting its filiation
of savage dust . . .

La montagne,   le corps –
un fil scintillant dans l'air, une note sèche frappée,
tenue, – stridente ou feutrée – tenue, retirée,
ou tue,   la même . . .

       la même dans la reprise, l'insistance, l'incapacité
de redescendre d'un éclat . . .

     la hauteur tenue

     la note altérée tenue, subvertie,
– dissonance tirant le corps vers ce qui le jette
hors de soi, et l'éclaire : fil qui détruit,
qui consume le nom en le traversant, qui foudroie
en interloquant . . .

       une parole et sa réverbération meurtrière,
une parole dont l'éclatement concentre la sonorité,
attise le parfum, assourdit le sens

       accroît l'illisibilité de sa charge

The mountain,   the body –
a scintillating thread in the air, a dry note struck,
held – strident or muffled – held, withdrawn
or hushed,   the same . . .

     the same in the repeat, the insistence, the incapacity
of coming down from a flash

     the maintained height

     the held altered note, subverted
– dissonance dragging the body toward the thing that hurls it
out of itself and illuminates it: thread which destroys
which consumes the name while crossing it, which strikes down
by intimidation . . .

     a word and its murderous reverberation
a word whose explosion concentrates sonority
stirs the perfume, deafens sense

heightens the illegibility of its load

et acquiesce à la mort,   à l'ascendant de la lumière . . .

Suis-je seul, innommé
sommes-nous seuls, vivants, murés, innommés

plongés dans la profondeur aveuglante du nom,
noyés dans une goutte d'encre crapuleuse,
et rituelle . . .

sommés à l'écart de nous,   corps désunis
par la transparence, par la commotion du signe,
par la triangulation du blanc meurtrier qui le ronge . . .

corps décomptés,   désunis de la somme
et par le resserrement et l'inscription de la spirale
du retour

and acquiesces in death,   to the rising of the light . . .

     Am I alone, unnamed
are we alone, living, walled in, unnamed

dropped into the blinding depth of the name,
drowned in a drop of filthy
ritualized ink . . .

summoned away from us,   bodies shattered
by transparency, by the commotion of the sign
by the triangulation of the murdering whiteness that gnaws
    at it . . .

bodies counted out,   subtracted from the sum
and through the contraction and inscription of the spiral
of return

jetés à l'infini . . .

une ressemblance décalée, distordue, sans maître,
une discordance augurale,
rassemblant les lointains dans l'écart qu'un seul
trait négatif exaspère . . .

seul, dans la marche, le retrait, le sommeil,
seul, parmi le nombre, le désert,
avec les craquelures du talon, la maigreur,
et le souffle du désastre

comme si pour ce pas, ce n'être pas qui se consume,
un secouement du corps et de l'ombre, une vibration
dans l'air

tenaient à distance les monstres, – et le ciel . . .

thrown into the infinite . . .

an altered resemblance, distorted, without master,
an augural discord,
gathering up the distance in the gap that a single
negative trait exasperates . . .

alone, while walking, while retreating, while sleeping,
alone, among the many, the desert
blistering of the heel, thinness,
and disaster's breath

as if for this step, this not-to-be that consumes itself
a shaking of the body and shadow, a vibration
in the air

that once kept monsters at a distance – and the sky . . .

travail de pointe, sommation de lecture,
vérification bifurquée dans l'absolu du roc
dont l'exactitude et l'espacement font éclater
la compacité,
        les entrailles et l'octroi
– et saillir le tracé de la route . . .

la route à la fin crachée
et qui cesse d'être, et qui s'ouvre,

tergiversation empierrée d'éclats, d'aboiements,
de scories d'une autre route, elle, frayée
par l'inachèvement du pas . . .

le pas toujours brisé, le signe intercalaire,
l'enjambée nubile suspendue . . .
la pierre d'angle, que casse la voix, et sa déflagration
dans l'air –
l'éclair du schisme entre les lettres de ton nom . . .

    point work, reading's summation,
two-pronged verification in the rock's absolute
where exactitude and spacing splinter
the compactness
            the entrails and the toll
– and make the marks of the road jut out . . .

the road at the end spat-out
and which ceases to be and which opens,

an evasiveness stifled with flashes, with yelps,
with slag from another road, the one opened up
by the incompleteness of the step . . .

the step always broken, the interpolated sign
the nubile suspended stride . . .
stone wedge, broken by the voice, and its deflagration
in the air –
the flash of the schism between the letters of your name . . .

Les graines brûlent sans souffrir : lecture
par la montagne qui avance vers nous, qui s'éteint,
disparaît – et son contrechant dans la gorge,
sur l'abîme, par la cendre, l'air allégé . . .

par la montagne, la trace effacée :
mutisme et corde, – corde dont l'effilochement
va céder, – et qui tient . . .

la montagne où le jour pénètre, nous enrôle,
poitrine contre poitrine,

et son souffle accroissant le souffle, sa clarté
se logeant à l'intérieur des os . . .

plénitude, inaction : les gestes et l'immobilité
de l'amour, la complicité de la cassure . . .

l'eau glacée au pied de l'avalanche inonde
les fibres du corps innommé, du corps écrivant . . .

The seeds burn without suffering: reading
through the mountain which advances toward us, burns out,
disappears — and its counter-melody in the throat
over the abyss, through the ash, the lightened air . . .

through the mountain, the obliterated trace:
mutism and string — string whose fraying
gives way — and holds . . .

the mountain where the day enters, enlists us,
breast against breast,

and its breath increasing the breath, its clarity
lodging inside our bones . . .

abundance, inaction: the gestures and the immobility
of love, the complicity of the break . . .

frozen water at the foot of the avalanche floods
the fibres of the unnamed body, the writing body . . .

Le réel, en retour, offre toutes ses faces,
ensemble, à ta seule étreinte fixe,
nulle prise tenue, retenue, mais l'excavation blanche,
la lettre volée, le rapt éclairant,

un chavirement de l'étendue dans la lumière,
seule à répercuter
l'embolie du ciel

à donner l'espace à ce bleu désuni qui s'allège
ce bleu de fonte, béant, de substance musicale,
comme d'un mur de terre et de fleurs

s'écroulant contre nos genoux

et ressurgissant lavé, bleu, et sans nom . . .

The real, in return, offers all its faces,
together, to your fixed embrace alone,
no hold kept, held back, but the white excavation,
the stolen letter, the illuminating rapture,

an overturning of the expanse in light,
alone to echo
                    the sky's embolism

to give solace to this shattered blue that grows lighter
this blue of melting, gaping, musical substance
like a wall of earth and flowers

collapsing against our knees

and rising again bathed, blue, and without a name

UNE APPARENCE DE SOUPIRAIL

Je puis bien dire que je ne commençai de vivre que quand je me regardai comme un homme mort. – Jean-Jacques Rousseau

SONGS OF RESCUE

I can truly say that I did not begin to live until I saw myself as a deadman. – Jean-Jacques Rousseau

(1982)

translated by Paul Auster

1

D'un fil à l'espace, interminablement. Sans désagréger le tissu de la nuit ouverte. Sans interrompre *leurs* cris concertants.

2

Rêve d'un après-midi : un lent exode de nuages dans les combles. Et l'instinct de conservation, mes doigts crispés sur une corde.

3

Vacillant, découvert . . . Comme s'il n'avait plus besoin d'un nom pour être perdu. Il écoute la lumière patiemment le rejoindre. La lumière, patiemment, l'absoudre.

4

Toi, immobile sur le pont de fer. Regardant un autre récit. Regardant avec mes yeux. *Immobile.* Regardant le temps immobile.

1

From a thread in space, endless and unbroken. Without unravelling the fabric of the open night. Without interrupting the concert of *their* cries.

2

Dream of an afternoon: a slow exodus of clouds in the eaves. And the instinct for hanging on, my fingers clenched around a rope.

3

Staggering, out in the open . . . As if he no longer needed a name to be lost. He listens to the light patiently go into him again. Patiently, the light absolves him.

4

You, motionless on the iron bridge. Watching another story. Watching with my eyes. *Motionless*. Watching the motionless weather.

5

J'ai croisé dans la rue le rire d'un aveugle. Les nuages, les falaises, la mer : *serrés* contre *sa* poitrine. La musique commence dans les fenêtres . . .

9

Tes suivantes . . . Leurs robes tachées de sang. Toutes, allant plus loin . . . Que la flèche de ce vide en nous. Tu t'étonnes de leur méprise . . .

10

L'eau sans appui. Le récit interrompu. Les fleurs sauvages, comme un royaume.

11

Ne rien dire, ne rien taire. Écrire cela. Tomber. Comme le météore. Être seul à oublier comment la nuit se déchire. . .

5

I walked by a blindman laughing in the street. The clouds, the cliffs, the sea: *pressing down* against *his* chest. Music begins to play in the windows . . .

9

Your followers . . . Their dresses stained with blood. All of them, going farther . . . Farther than the arrow of emptiness inside us. You are stunned by their mistake . . .

10

Nothing to hold onto in the water. The interrupted story. Wild flowers, like a kingdom.

11

To say nothing, to allow everything to be said. To write that. To fall. Like a shooting star. To be the only one who forgets how the night is torn apart . . .

14

Écrire comme si je n'étais pas né. Les mots antérieurs : écroulés, dénudés, aspirés par le gouffre. Écrire *sans les mots*, comme si je naissais.

15

Je m'introduis dans ta prison. Pour que danse la belladone. Exprimant tout le poison dans mes yeux ouverts. Pour ta distraction, ta profondeur...

16

Le bruit de l'eau, plus bas, charrie des décombres clairs...

17

Un couple de rapaces, immobile, au milieu du ciel. Je dors. Je suis vivant. Prêt à fondre. Du milieu du ciel, ou du bord. Sans nuages, sans haut-le-cœur.

14

To write as if I had never been born. Every word until this moment: pulverized, laid bare, breathed back into nothingness. To write *without any words*, as if I were being born.

15

I steal into your prison. To make the belladonna dance. Squeezing every drop of poison from my open eyes. To distract you, to go down to your depths . . .

16

The noise of the water, down below, bearing off the bright debris . . .

17

Two vultures, motionless in the middle of the sky. I am asleep. I am alive. Ready to pounce. From the middle of the sky, or from the edge. Cloudless, no churning in the gut.

18

Versant nord. Écho de la cassure. Roulement de l'ombre jusqu'à
nos genoux. La tourterelle revenue . . .

19

Tes travaux de couture : une aiguille vers le nord, une aiguille
vers le sud, une aiguille vers le cœur . . . Une aiguille plus fine
pénétrant l'aiguille : douleur percée à jour, clarté nue.

20

A mes pieds le lit sans eau d'une rivière. Dans mes rides, un
harmonica. Je dors, avec le hoquet de l'ivrogne, dans l'infini des
fenêtres.

21

Signets de lumière, doigts écartés, cloisons repeintes : avant de
mourir. Avant d'atteindre le nœud du bois de la mort impossible.
Œuf, ou météorite, dans le sable, dans la voix . . .

18

Northern slope. An echo from the rift. Shadow tumbling to our knees. The dove that returns.

19

Busy with your sewing: a needle pointing north, a needle pointing south, a needle pointing to the heart . . . A sharper needle penetrating the needle: pain shot through, naked light.

20

At my feet, the dried-up bed of a river. In the wrinkles of my face, a harmonica. I sleep, hiccuping like a drunkard, an infinity of windows around me.

21

Signet rings of light, spread fingers, repainted walls: before death comes. Before reaching the knot in the wood of an impossible death. An egg in the sand, or else a meteorite in the sand, in the voice . . .

22

Livre dilacéré, dépouille ouverte. Source aiguisée à l'intérieur du sang. Et dans le sable où l'eau de ta langue se perd, le long travail, l'interminable journée du soleil . . .

23

Les nuages rapides ont délogé la foudre de la grange. Elle était perdue. Je suis sa force, son signe de ralliement.

27

Maintenant je parle sans porte-voix. Sans ravin dans la poitrine. Sans éclisses dans le cœur. Je parle comme je respire. Je respire comme une pierre.

29

Sur le bord. Sans les nuances et les déchirures du bord. Dans la lumière qui fuse du bord. L'étendue blessée devant nous.

22

A book torn to pieces, open hide. A spring quickened in the blood. And in the sand, where the water of your tongue is lost, the long labor, the sun's interminable day . . .

23

The scudding clouds have dislodged the lightning from the barn. It had been lost. I am its strength, the sign of its return.

27

I don't use a megaphone when I speak anymore. There is no ravine in my chest. There are no splints in my heart. I speak in the same way that I breathe. I breathe like a stone.

29

On the edge. Without the nuances and lacerations of the edge. In the light that streams from the edge. The wounded expanse stretching before us.

32

A travers le rhombe d'un ciel de nuit découpée dans le plafond.
Je rêve comme une plume. La longue déception d'un couteau fixe
le sol.

33

L'argile crevassée, les sanies, les soubresauts, les yeux crevés,
le sang pourri, la terreur, d'où jaillissent quelques rares éclairs de
chaleurs . . .

34

Girolle au-dessus du vide. Écriture en quinconce au-delà du
cœur glacé . . . La terre écorche la voix.

41

Minuscule pesée sur chaque lettre de ton corps. La respiration
des plantes, la nuit. L'horizon qui n'est plus une ligne fluctuante,
mais la ceinture d'un cratère.

32

Through the rhombus of a night sky cut from the ceiling. I dream like a feather. The long deception of a knife marks the ground.

33

Cracked earth, pus, somersaults, plucked-out eyes, tainted blood, terror – and the rare and sudden flash of warmth . . .

34

A skirret over the emptiness. Zig-zag script beyond the frozen heart . . . The earth flays my voice.

41

A miniscule weight on each letter of your body. The breathing of the plants at night. The horizon which is no longer a fluctuating line, but the rim of a crater.

42

L'éclair dresse la table. Dispose la sauvagerie de la langue. Tire le corps crédule, et glacé.

43

L'air n'est pas religieux, mais la fièvre de l'air dans le poumon tordu comme une mèche, et ruisselant d'obscurité. L'air est divin comme le pied, comme le rire . . . Comme le pied fourchu du voyageur aveugle, comme le rire du drogué. Frayant le chemin . . .

44

Ce qui ne pouvait plus *être creusé*. Sous une telle nuit. Captif du sol blanc. De l'afflux de rosée. Ce qui ne pouvait plus déjà s'écrire . . . Humidité de la couleur sur le bord.

45

Dans cet oubli, – couvant la mort comme une pierre, attentif à ce tressaillement dans l'herbe – comme une pierre, – à la proximité de l'odeur de l'eau, – au scintillement des signes dans la profusion des cendres . . .

42

Lightning sets the table. Lays out the savagery of the tongue. Drags the credulous and frozen body.

43

The air is not religious, but in the twisted lung the air's fever is like a wick, dripping with darkness. The air is holy like a foot, like laughter . . . Like the cloven foot of the blind wanderer, like the laughter of the drug-addict. Finding a way . . .

44

What could no longer *be dug*. Under a night like this one. Held captive by the white ground. By the influx of dew. What already could be written no more . . . The wet color on the edge.

45

In this forgetfulness, – hatching death like a stone, heedful of this shuddering in the grass – like a stone, – in range of the water's smell, – of signs glistening in the abundant ashes . . .

46

Soudain sombrant : dans une espèce de sainteté louche. Les fenêtres vacantes, obstruées. Le ciel mort.

L'écriture se gorge des parfums qui la décomposent. La lumière s'ouvre, comme une figue mûre, une plaie noire . . .

47

Pour qu'on ne nous entende pas venir. Je marche avec une autre voix. Bleue, striée de bleu. Touchée par la transhumance. Par l'effacement de sa prise . . . Voix de l'effraie, de l'aveugle, de la terre aveugle.

48

Fluctue le nord. Fluctue le pas dévasté. Travail inverse des yeux et du bras. Sous le tissu des lignes, du *retour*. Nuit claire selon l'aiguille .

49

Elle dort. Debout. Sur le pont de fer. Dans le tonnerre des wagons. Jambes hautes, comme la mer . . .

46

Suddenly sinking: in a kind of low-life saintliness. The vacant windows, obstructed. The sky dead.

Writing gorges itself on the smells that decompose it. The light opens like a ripened fig, like a black wound . . .

47

So that no one will hear us come. I walk with another voice. Blue, scored with blue. Brushed by the migrating flocks. By the weakening of its grip . . . Voice of the screech owl, of the blindman, of the blind earth.

48

The north fluctuates. The devastated step fluctuates. Inverse labor of the eyes and the arm. Under the fabric of the lines, of *return*. Bright night by the needle . . .

49

She sleeps. Standing up. On the iron bridge. As the trains thunder past. Legs high, like the sea . . .

50

Même mort, rester à l'écoute. Rester inhumain. A l'extérieur de la voix. Comme la bogue d'une châtaigne. La flamme du coquelicot . . .

51

Cicatrices par le soc et la proue, marques de roue dans la chair . . . J'ignore l'avant et l'après de cette montée dansante de la boue . . . Mes yeux sombres fixent tes yeux clairs.

54

Un profil, et l'absence de récit. Je ne meurs pas. Je ne dessine plus. J'émiette le trait à l'écoute d'un visage. Affilement de la lune à son premier quartier.

56

De toi, et de personne, j'ignore le bord et le cœur. Comme un agonisant debout . . .

50

Even dead, to go on listening. To remain inhuman. Outside the voice. Like the shell of a chestnut. The poppy's flame . . .

51

Scars from the plow and the stern, wheelmarks in the flesh . . . I have no idea what comes before and after this dancing ascent of mud . . . My dark eyes stare into the brightness of yours.

54

A profile, and the absence of a story. I am not on the point of death. I have stopped drawing. I break down the line while listening for a face. The sharpening of the moon in its first quarter.

56

Of you, of anyone, I know nothing about the edge and the heart. Like a man dying on his feet . . .

57

Tendresse du vide dans la scansion des pierres sèches du muret.
Lourdeur des figues sous les feuilles, la lumière. Et devant elle,
mes doigts cassés, ivres morts . . .

58

Marques de dents de singe sur ton corps errant. Marques
vertes, douleur ambiguë. Je m'enfonce, comme un glacier, dans le
soleil . . .

59

La mort n'existe qu'en porte à faux. Dans le souffle. Dont pro-
cède, *à quelques pas*, l'échancrure des lointains, l'ombre de la
vague dans la succession de la mer. . .

60

Repousse d'une ronce récalcitrante. Nudité au fond du ravin.
Quelques mots dégrafés dans la chaleur. Nuit oscillante. Nuit
d'été. Dont tu serais le cœur arraché, l'absente, le gouverneur. . .

57

The tenderness of empty space while scanning the stones in the dry wall. The heavy figs under the leaves, the light. And in front of the light, my broken fingers, my dead drunk fingers . . .

58

Monkey teeth-marks on your wandering body. Green marks, ambiguous pain. I plow like a glacier into the sun . . .

59

Death exists only in uncertainty. In the breath. From which follows, *a few steps away*, the opening of distances, the wave's shadow in the ongoing roll of the sea . . .

60

An obstinate bramble come back to life. Nakedness at the bottom of the ravine. A few words set loose in the heat. Oscillating night. Summer night. You would be its torn-out heart, its absent one, its guardian . . .

64

Le sentier de montagne, le simple, le nu . . . Imprégné de la couleur du ciel. Le sentier perdu. Effacé . . . S'écrivant à travers les flammes. Tourneboulant la frayeur sublime des chevaux . . .

69

Quelques traces de foyer dans les couches profondes de l'air. L'impossible et l'ineffaçable : le réel. Ma peur s'inscrit sur la roche qui affleure . . .

70

Cette lame de sommeil profond qui se glisse dans chaque phrase éveillée. Épaisseur d'humus sur la face du soleil.

71

Souffrant. Ne souffrant presque plus déjà . . . J'écris le plus, le presque, le déjà, – de la mort déçue. J'écris au passé infini, *enfantin*, d'un rayon brisé. De la lumière ouverte . . .

64

The mountain path. The simple one, the bare one . . . Impregnated with the sky's color. The lost path. Erased . . . Writing itself through the flames. Arousing the sublime terror of horses . . .

69

Several traces of home in the deepest layers of air. The impossible and the ineffacable: the real. My fear inscribes itself on the emerging rock.

70

This blade of deep sleep that slides through each awakened sentence. Humus-thick on the sun's face.

71

Suffering. Already almost suffering no more . . . I write the more, the almost, the already, – of disappointed death. I write in the infinite past, the *childish* past, of a beam broken off from the open light . . .

76

Mériter que chaque mot s'efface à l'instant de son émission. Qu'il jaillisse et s'évapore. Dans l'élargissement de son arôme et de sa trace, le dérèglement de son accord.

80

Défaut de la parole, nœud d'une articulation négative . . . Le courant, les rapides de la rivière dans le tremblement de sa perte, le tremblement de sa crue . . .

82

Glissement de la couleur dans le spectre du vide. De l'écriture, par le crible de la mort. Coupures, dans l'épaisseur de mon pied. Je vous écoute, et je marche . . .

83

J'étais le seul. L'œil en activité. Elle était le nombre. Dormant. Le nombre, et le monstre. *Dormant.* Elle est le trait, la soif, l'herbe folle. Elle est la veuve, et l'éclair, d'un orage futur. . .

76

To grant that each word is erased the moment it appears. That it springs forth and evaporates. In the expansion of its aroma and its trace, the derangement of its harmony.

80

Defect of the word, knot of negative articulation . . . The current, the river rapids trembling in its loss, trembling in the flow of its silt . . .

82

Color sliding into the spectre of nothingness. Of writing, passing through the sieve of death. Cuts, in the thickness of my foot. I am listening to you, and I am walking . . .

83

I was the only one. The eye at work. She was the many. Sleeping. The many, and the monster. *Sleeping.* She is the mark, the thirst, the wild grass. She is the widow and the lightning flash of a future storm.

84

Comme s'affile la lame, commence l'écoute, la dictée. Quelques gouttes de sang, et cet étirement du vide entre chien et loup . . . Difficulté des étoiles à me suivre. Allégresse du corps à les réfracter.

85

Séquence de l'eau qui te presse, te divise, – te divinise. Qui m'enserre dans l'étreinte de son épissure liquide. Et noie le souffle, la voix. Sous son scintillement, sa divination. Sa course . . .

86

Écrire sans casser le silence. Écrire, en violation d'un lieu qui se retire : quadrature du texte, visage désencerclé, non-lieu . . . La rapacité du vide, le calme, – étonne ses proies . . .

87

La terre et le ciel. Et la peur, la ligne d'horizon. Leur complicité et leur agonie. Fertilisant le fond de l'œil. Et leur guerre, les arrérages de la nuit.

84

As the blade is sharpened, the listening begins, the dictation . . .
A few drops of blood, and this stretching of the void at dusk . . .
The stars have trouble following me. My body rejoices in re-
fracting their light.

85

Sequence of water that squeezes you, that divides you – that
deifies you. That holds me in the grip of its liquid knot. And
drowns the breath, the voice. Below its shimmering, its divination.
Its course . . .

86

To write without breaking the silence. To write, in violation of a
place that disappears: squaring of the page, disencircled face, case
dismissed . . . The rapacious void, the calm – startles its prey . . .

87

Earth and sky. And fear, the horizon line. Their complicity and
their agony. Fertilizing the depth of the eye. And their war, the
arrears of night.

88

On me crève les yeux. C'est le jour. Je m'expose, en cette in-
firmité, écrivant : c'est *le jour*. Intouchable, désœuvré. Comme
autant de bêtes, de têtes, de soleils. Mal dégrossis par la dénéga-
tion du JOUR.

90

La respiration des bruyères la nuit. Toutes choses obscurcies.
Le souffle suspendu. Une nuit. Un instant. Durant lequel je suis le
maître de l'obscurité des choses . . .

88

They have plucked out my eyes. It is daytime. I expose my infirmity when I write these words: It is *daytime.* Untouchable, at loose ends. Like so many beasts, heads, suns. Roughed out badly by the denial of DAY.

90

The breathing of the moors at night. All things dark. Holding my breath. One night. One instant. For as long as it goes on, I am master of the darkness of things . . .